EL MUNDO EN LA MESA

Japón

PLANETA

EL MUNDO EN LA MESA

Colección ideada y dirigida por Paola Rigotti

Las dosis de las recetas son aproximadamente para 4 personas

Textos: Leonardo Castellucci
Traducción: Marta Nin
Composición artística de las fotografías: Cinzia Calamai Castellucci
Fotografías: Cosimo Bargellini
Coordinación editorial: Andrea Galeazzi
Coordinación técnica: Paola Bianchi
Cubierta, diseño gráfico y compaginación: Francesco Bertini
Redacción: Cristina Corazzi
ISBN 84-08-36051-5 (Japón)
ISBN 84-08-36044-2 (obra completa)

Impreso en Florencia, Italia, en el año MCMXCV

Sopas

SOPA DE ALMEJAS

SOPA DE ALMEJAS

Ingredientes:
1 kg. de almejas - 1/2 taza de miso (pasta de judías de soja) - 1 puerro.
Preparación: *10'*
Cocción: *10'*
Dificultad **
Bebida aconsejada: *sake*

Se corta el puerro en rodajas finas. Se echan en una olla 4-5 tazas de agua fría, se añaden las almejas y se dejan hervir a fuego vivo. En cuanto las conchas se abran, se sacan las almejas de la olla.
Se baja el fuego y se diluye el miso en el caldo, prestando atención para que no se formen grumos y que el líquido no hierva. Se ponen las almejas a montoncitos en los platos soperos, se agrega el caldo caliente y se decora con rodajitas de puerro.

SOPA DE GAMBAS

Ingredientes:
4 hojas de espinaca -
8 gambas peladas -
4 champiñones u otras setas -
3 tazas de té de dashi, o bien 1 gr. de dashi en vasitos por persona.
Preparación: *15'*
Cocción: *10'*
Dificultad *
Bebida aconsejada: *vino blanco o sake*

Se lavan las hojas de espinaca y se cuecen en agua ligeramente salada. Se escurren y, después de haberlas secado, se dejan reposar algunos minutos. En el agua donde se han cocido las espinacas, se dejan hervir las gambas durante 5-6 minutos. Después, se sacan los crustáceos y se cuecen en la misma olla los champiñones, lavados, durante un par de minutos. Se calienta el dashi y se le da un hervor. Se ponen las gambas, las espinacas y los champiñones en cuatro boles, o bien en platos soperos, y se echa por encima el dashi caliente.

SOPA DE GAMBAS

SOPA DE NOCHEVIEJA

Ingredientes:
400 gr. de huesos de pollo - 200 gr. de pechuga de pollo - 1 puerro - vinagre - jengibre rallado - 1 zanahoria - 12 hojas de espinaca - 4 setas chinas secas o 4 champiñones - 8 trocitos de omochi - 4 gambas - la corteza rallada de un limón.
Preparación: *30'*
Cocción: *30'*
Dificultad **
Bebida aconsejada: *sake*

Se ponen en una olla con 1 l. de agua los huesos de pollo, el puerro cortado en rodajas, una pizca de jengibre en polvo y 1 cucharada de vinagre. Se deja hervir durante 45 minutos. Se corta la pechuga de pollo en pedacitos. Se lava la zanahoria y, después de cortarla, si es posible, en forma de flor, se le da un hervor. Se anudan los tallos de las espinacas de tres en tres y se hierven. Se reblandecen las setas en agua templada si son secas o bien, si son frescas, se hierven hasta que estén medio cocidas. En cualquier caso, se guarda el agua de la cocción. Mientras, se tuestan en la parrilla los trocitos de omochi. Se añade el agua de las setas al caldo de pollo y luego se cuela. Se agregan las flores de zanahoria, los trocitos de pollo y se deja cocer algunos minutos. Transcurrido este tiempo, se echan las espinacas anudadas, las gambas y los pedacitos de omochi. Se le da un hervor y luego se apaga el fuego.
Se decora con la corteza del limón cortada en hilos muy finos y se sirve muy caliente en boles individuales.

Sopa de Nochevieja

SOPA DE POLLO CON VERDURAS

Ingredientes:
1/4 de llanta - 250 gr. de espinacas - 35 gr. de setas chinas secas - 250 ml. de caldo de pollo - 100 brotes de bambú - 100 gr. de fideos de soja.
Preparación: *10'*
Cocción: *50'*
Dificultad *
Bebida aconsejada: *sake*

Se lavan la llanta y las espinacas y se cortan finas. Se dejan reblandecer las setas en agua templada. Se ponen en una cazuela las setas escurridas y el caldo de pollo. Se lleva a ebullición y, transcurridos 20 minutos, se agregan la llanta y las espinacas y se deja cocer 20 minutos más. Luego, se añaden los brotes de bambú y los fideos de soja. Se deja cocer otros 10 minutos, agregando, si es necesario, más caldo de pollo.

SOPA CON MISO, POLLO Y VERDURAS

Ingredientes:
8 pedacitos de pechuga de pollo - 1 zanahoria mediana - 1 patata mediana - 100 gr. de daikon (rábano blanco japonés) o de nabos - 4 setas chinas secas - 1/2 taza de miso (pasta de judías de soja) - 1/2 vasito de sake.
Preparación: *20'*
Cocción: *15'*
Dificultad *
Bebida aconsejada: *sake*

Se calientan las setas en agua templada y después se cortan en rodajas pequeñas. En una olla se ponen 6 tazas de agua, los pedacitos de pollo y las hortalizas (incluidas las setas) cortadas en rodajas. Se cocina a fuego muy lento hasta que los ingredientes estén medio cocidos. Entonces, se añade el miso y se deja cocer a fuego un poco más vivo otros 5 minutos. Unos momentos antes de servir, se agrega el sake y se deja evaporar 1-2 minutos. Se sirve bien caliente.

Sopa con miso, pollo y verduras

SOPA VEGETAL CON HUEVO

Ingredientes:
1 l. aprox. de caldo vegetal - 2 cucharadas de maicena - 3 cucharadas de salsa de soja - 2 huevos - 1 cucharada de jengibre rallado - 1 puerro pequeño - sal.
Preparación: *8'*
Cocción: *10'*
Dificultad *
Bebida aconsejada: *té*

Se mezcla la maicena con la salsa de soja, se sala y se deja reposar un par de minutos. Se echa el líquido en una olla, se añade el caldo y se deja hervir a fuego medio-lento durante algunos minutos. Luego, se baten un poco los huevos y se añaden al caldo, removiendo muy bien todo para que quede perfectamente homogéneo. Aparte, se trincha la parte blanca del puerro y se agrega al caldo cuando esté listo. Se sirve la sopa con un poco de jengibre.

SOPA CON QUESO DE SOJA

Ingredientes:
250 gr. de pasta de soja clara - 1 l. de caldo vegetal - 180 gr. de tofu (queso de soja) - 12 cebollas pequeñas.
Preparación: *10'*
Cocción: *15'*
Dificultad *
Bebida aconsejada: *té o sake*

Se hace hervir el caldo y se le añaden la salsa de soja y el tofu, cortado en dados muy pequeños. Se deja hervir 2-3 minutos, después se apaga el fuego y se deja reposar algunos minutos. Se sirve con las cebollas cortadas en rodajas finas.

Sopa con queso de soja

PASTA FRÍA EN SALSA DE SOJA

Ingredientes:
500 gr. de tallarines japoneses - 6-7 cucharadas de salsa de soja - 4-5 cucharadas de sake - 1 cucharadita de jengibre - 1 puerro - 2 tomates pequeños bien maduros - 1 cucharada de jengibre rallado.
Preparación: *20'*
Cocción: *10'*
Dificultad ∗
Bebida aconsejada: *cerveza clara o té*

Se mezclan la salsa de soja, el sake y el azúcar, después se ponen en el fuego y se dejan hervir 5-6 minutos. Se echa el líquido en un recipiente y se pone en el frigorífico para que se enfríe. Mientras, se hierve la pasta, dejándola cocer hasta que esté en su punto, se escurre y se deja enfriar en el frigorífico. Luego, se cortan los tomates en forma de gajitos y la parte blanca del puerro en anillos bastante finos. Se decora la pasta con las verduras y el jengibre y se añade más salsa de soja si se quiere. Se sirve fría.

SOPA DE GAMBAS CON VERDURAS

Ingredientes:
120 gr. de fideos de soja - 4 setas chinas - 1/2 l. de caldo vegetal - 60 gr. de gambas hervidas y peladas - 4 cebollas pequeñas - 2 zanahorias - 100 gr. de col china o de llanta - 4 hojas de menta - 1 cucharada de jengibre - 30 gr. de rábanos.
Preparación: *15'*
Cocción: *4'-5'*
Dificultad ∗
Bebida aconsejada: *vino blanco seco o cerveza clara japonesa*

Se cuecen los fideos en una olla durante unos 3 minutos a partir del momento en que empiecen a hervir. Se ponen las setas en un cuenco con agua templada y se dejan en remojo durante 30 minutos. Mientras, se cortan las zanahorias y las cebollas en rodajas, la col en trocitos, se pican los rábanos, se pela el jengibre y se ralla.
Cuando los fideos estén cocidos, se escurren. Se sacan las setas del cuenco y se guarda el agua colada. Se colocan los fideos en una bandeja y se ponen las verduras, las gambas y las hojas de menta por encima. Después se agrega el agua de la cocción de las setas en el caldo vegetal y se hierve. Se sirve en boles. El jengibre y los nabos se sirven aparte.

Arroz

ARROZ CON CASTAÑAS

ARROZ CON CASTAÑAS

Ingredientes:
30 castañas - 3 tazas de arroz - 1 cucharada colmada de sal - 6 cucharadas de mirin (sake dulce) o sake azucarado, o jerez.
Preparación: *40' + 12 h. para las castañas en remojo*
Cocción: *15'*
Dificultad **
Bebida aconsejada: *té verde*

Después de haber dejado las castañas en agua durante unas 12 horas, se pelan y se les quita también el hollejo interior. Se cortan en trocitos y se vuelven a poner en agua fría. Se lava el arroz, se pone en una olla con las castañas escurridas y se agregan 4,5 tazas de agua, el mirin y 1 cucharada colmada de sal. Se tapa la olla, se lleva a ebullición y se deja cocer 15-20 minutos a fuego muy lento. Se apaga el fuego y se deja reposar al menos 10 minutos sin quitar la tapadera. A la hora de servir, es mejor si se utiliza un cucharón mojado en agua fría para echar el arroz en los boles.

ARROZ CON TÉ

Ingredientes:
2 puñados de arroz blanco por persona - wasabi (rabanillo japonés, facultativo) - alga nori (alga marina seca) - 1 tumeboshi (ciruela en salmuera) por persona - té verde.
Preparación: *5'*
Cocción: *30'*
Dificultad *
Bebida aconsejada: *té verde*

Se hierve el arroz y se pone en boles grandes, dejando un huequecito en el medio para poner un poco de wasabi rallado, 1 tumeboshi y el alga nori asada y troceada. Luego, se rocía con té caliente y se sirve en seguida.

ARROZ CON TÉ

GUISADO DE CARNE Y ARROZ

Ingredientes:
400 gr. de pechuga de pollo - 1 puerro grande - 1 cebolla grande - 4 huevos - 4 boles de arroz hervido.
Para la salsa:
1 taza de dashi - 1/2 vaso de salsa de sake - 1/2 vaso de salsa de soja - 2 cucharadas de azúcar.
Preparación: *30'-40'*
Cocción: *15'-20'*
Dificultad ⁂
Bebida aconsejada: *té o sake*

Se corta el pollo en filetes finos y se hierve algunos minutos en agua.
Se cortan el puerro y la cebolla en rodajas de un espesor de 3-4 mm. Se echan en una sartén el caldo de dashi, el sake, la salsa de soja y el azúcar. Se deja hervir y luego se añaden las rodajas de puerro y de cebolla. Después de algunos minutos se agregan los filetes de pollo y se espera a que la salsa se espese. Para terminar, se añaden los huevos batidos y, sin remover, se deja cocer 1-2 minutos. Se echa el guisado de carne sobre el arroz. Se sirve en boles o en tazones.

ARROZ ROJO

Ingredientes:
8 puñados de arroz blanco - 200 gr. de azuki (judías rojas japonesas) - sal.
Preparación: *1 h. + 12 h. de remojo de las judías*
Cocción: *45'*
Dificultad ⁂
Bebida aconsejada: *té a elegir*

Se dejan las azuki en agua durante toda una noche. Se hierve el arroz y, después de escurrirlo, se deja reposar 15 minutos. Se cuecen las judías a fuego muy vivo durante 8-10 minutos. Se escurren y se cubren con 1 l. aproximadamente de agua fría. Se les da otro hervor y se dejan cocer completamente a fuego lento. Después, se añaden las judías al arroz, se amalgama todo bien, se añade un poco de agua de la cocción y se sirve muy caliente.

Arroz rojo

ROLLITOS DE ARROZ

Ingredientes:
250 gr. de arroz - 60 gr. de atún fresco - 2-3 setas chinas - 2 huevos - 1/2 pepino - 4 hojas de alga nori - 1 cucharadita de rabanillo verde japonés (wasabi) - sal.
Preparación: *25'*
Cocción: *10'*
Dificultad *
Bebida aconsejada: *sake o cerveza japonesa*

Se baten los huevos con una pizca de sal y se preparan 2 tortillas. Se dejan las setas en remojo durante 1/2 hora. Se cortan en tiras muy finas las tortillas, en bastoncitos el pepino y en rodajitas las setas. Se corta el atún fresco en filetes y se mezcla con el rabanillo, que se habrá reblandecido antes con un poco de agua. Se amalgaman todos los ingredientes y se divide la mezcla en 4 partes. Cada parte se pone en el centro de una hoja de alga y se enrolla en forma de cilindro.
Se dejan reposar los rollitos, se cortan después en trozos y se sirven con arroz blanco hervido.

Platos principales

PESCADO CRUDO

PESCADO CRUDO

Ingredientes:
300 gr. de salmón fresco (o pez espada o róbalo o atún) - mucho perejil - un poco de salsa de soja, de mostaza picante, de jengibre y de washi.
Preparación: *20'*
Dificultad *
Bebida aconsejada: *sake*

Se limpia bien el pescado y se deja algunas horas en el frigorífico para que, al enfriarse, quede más compacto. Luego, se corta en lonchas de unos 3 cm. de espesor. Se extienden los filetes en un plato, sobreponiéndolos sólo parcialmente, y se espolvorean con perejil picado fino.
Se sirve el pescado acompañado de boles que contengan la salsa de soja, la mostaza, el wasabi y el jengibre.

ARROZ EN SALSA CON ALGAS Y PESCADO CRUDO

Ingredientes:
300 gr. de arroz - 75 cl. de agua - 3 cucharadas de vinagre - 1 cucharadita de té de sal - 1 cucharada de salsa de soja - 1 cucharada de mirin - 30 gr. de wasabi - 4 tiras de alga nori - 200 gr. de atún fresco (o lenguado, o róbalo, o dorada).
Preparación: *30'*
Cocción: *20'*
Dificultad ***
Bebida aconsejada: *sake*

Se hierve el arroz durante unos 20 minutos. Mientras tanto, se prepara una salsa con el vinagre, la salsa de soja y el mirin. Se pone en un cazo, se le da un hervor y luego se echa esta salsa sobre el arroz hervido. Se mezcla bien. Se preparan una especie de barquitas con el arroz y se ponen en ellas trocitos de pescado crudo, lavado, del mismo tamaño que las barquitas de arroz. Se decoran con alga nori. Este plato también se puede presentar del modo siguiente: en una estera de bambú se extiende una tira de alga nori, luego se coloca el arroz y después el pescado crudo troceado. Se enrolla la estera en forma de cilindro y se deja así algunos minutos. Se desenrolla la estera, se saca el cilindro de alga y arroz y se corta en trocitos de 4 cm. de largo. Se sirve acompañado de otros trocitos de pescado y con salsa de soja con daikon rallado.

Arroz en salsa con algas y pescado crudo

PESCADO FRITO CON VERDURAS

Ingredientes:
1 kg. de gambas - 1 kg. de filetes de lenguado o de pescado blanco - 200 gr. de pulpa de langosta - 1 sepia - 1 calamar - 1 berenjena - 3 zanahorias - 300 gr. de judías verdes - 1 cebolla - 2 calabacines - aceite de cacahuete con algunas gotas de aceite de sésamo para freír.
Para la pasta:
2 yemas de huevo - 2 tazas de té de harina - 2 tazas de té de agua muy fría.
Para la salsa:
3 cucharadas de mirin - 3 cucharadas de salsa de soja - 1 taza de té de dashi - 5 gr. de jurel seco desmenuzado.
Preparación: *1 h.*
Cocción: *30'*
Dificultad **
Bebida aconsejada: *sake*

Se limpian y se pelan las gambas. Se cortan los filetes de lenguado en cuadrados de 5-6 cm. cada uno. Se corta la pulpa de langosta en trocitos y la sepia y el calamar en anillos. Se lavan y se cortan en rodajas las zanahorias y la berenjena. Se lavan y se despuntan las judías. Se cortan en rodajas finas la cebolla y los calabacines.
Se prepara una salsa para acompañar: se echa el mirin en un cazo y se deja hervir 1 minuto, se añade el dashi y la salsa de soja y se le vuelve a dar un hervor. Se pone el jurel y se apaga el fuego. Antes de servir, se cuela la salsa para eliminar el jurel.
Luego, se prepara la pasta para freír: se pasa la harina por el cedazo y se echa en un cuenco en el cual se habrán batido las yemas junto con el agua muy fría. Es importante que la pasta se haga justo antes de empezar a freír el pescado y que el cazo que la contenga se ponga sobre cubitos de hielo para que esta mezcla se mantenga bien fría. Se rebozan el pescado y las verduras con la pasta y se van friendo, un poco cada vez, hasta que esté todo bien dorado.
Se echa el pescado en la salsa indicada anteriormente y se sirve en seguida.

Pescado frito con verduras

CANGREJO FRITO

Ingredientes:
200 gr. de pulpa de cangrejo en lata - 20 ramitas de perejil - mucha mayonesa - 2-3 hojas de alga nori (facultativo) - 1 vaso de aceite de semilla.
Preparación: *10'*
Cocción: *7'-8'*
Dificultad **
Bebida aconsejada: *sake*

Se pone en una cazuela la pulpa de cangrejo desmenuzada, se añaden el perejil picado y la mayonesa. Se divide la mezcla en pequeñas porciones y se envuelve en alga nori. Se prepara luego una pasta a base de harina, huevo y agua muy fría (véase «Pescado frito con verduras», pág. 24). Se rebozan los rollitos en esta pasta y se fríen en aceite de semillas bien caliente. Se escurren sobre papel de cocina y se sirven en seguida.

SALMÓN A LA PARRILLA

Ingredientes:
600 gr. de salmón fresco - 1-2 tazas de té de salsa de soja - 1-2 tazas de té de mirin - 3 cucharaditas de azúcar.
Preparación: *30'-35'*
Cocción: *15'*
Dificultad **
Bebida aconsejada: *sake*

Se prepara una mezcla con la salsa de soja, el mirin y el azúcar. Se introduce el salmón, lavado y cortado en filetes, y se deja macerar unos 30 minutos. Se enciende la parrilla o una barbacoa y se deja asar el pescado unos 10 minutos, untándolo continuamente con la salsa de maceración con la ayuda de un pincel. Se sirve caliente.

SALMÓN A LA PARRILLA

PESCADO A LA PARRILLA CON PASTA DE ERIZO DE MAR

Ingredientes:
1 lubina (o dorada o dentón) de 1 kg. aprox. - sal - 1/2 taza de mirin - 2 cucharadas de pasta de uni (pasta de erizo de mar) - 1 yema de huevo.
Preparación: *15'*
Cocción: *20'*
Dificultad **
Bebida aconsejada: *sake*

Se limpia el pescado con esmero, se corta en 4 filetes y se asa a la parrilla por ambos lados. Se mezcla el mirin con la yema de huevo, la pasta de uni y una pizca de sal. Con esta mezcla, se unta con un pincel continuamente el pescado hasta que esté cocido del todo. Se sirve caliente.

SEPIA EN ESCABECHE CON PEPINO

Ingredientes:
1 sepia mediana - 3 cucharadas de vinagre - 1 cucharada de azúcar - 1 pepino - salsa de soja - sal.
Preparación: *10' + 1 h. de maceración*
Dificultad *
Bebida aconsejada: *vino blanco seco o té negro*

Se prepara una salsa con el vinagre, el azúcar y un poco de salsa de soja. Se lava la sepia y se corta en tiras. se corta en rodajas el pepino, se sala y se lava luego con agua fría apretándolo con las manos para que se reblandezca. Se introducen la sepia y el pepino en el escabeche y se dejan reposar 1 hora aproximadamente antes de servirse.

PESCADO A LA PARRILLA CON PASTA DE ERIZO DE MAR

PULPO ESTOFADO

Ingredientes:
1 pulpo de unos 700 gr. - 1 l. de agua aprox. - 1 taza de salsa de soja - 4 cucharadas de azúcar - 4 cucharadas de mirin - mostaza dulce.
Preparación: *20'-25'*
Cocción: *40' + 4-5 horas para que repose el guisado*
Dificultad **
Bebida aconsejada: *sake*

Se limpia el pulpo, se le sacan las entrañas y los ojos y se sala. Se pone en una olla el agua salada, la salsa de soja, el azúcar y el mirin. Se calienta durante 5 minutos, después se añade el pulpo entero y se hierve unos 40 minutos hasta que la carne esté blanda. Se apaga el fuego y se deja reposar 4-5 horas.
Luego, se saca el pulpo del líquido de cocción, se corta en trocitos y se sirve acompañado de un poco de mostaza dulce.

SARDINAS ACARAMELADAS

Ingredientes:
150 gr. de sardinas frescas - 25 gr. de azúcar - 2 cucharadas de salsa de soja - aceite de semillas.
Preparación: *30'*
Cocción: *15'*
Dificultad **
Bebida aconsejada: *sake*

Se les quitan las espinas a las sardinas y se enharinan. Se fríen en una sartén con aceite de semillas. Se pone el azúcar en un cazo y, removiendo continuamente, se lleva a punto de caramelo. Luego se añade la salsa de soja y se deja cocer algunos minutos. Se recubren los filetes de sardina con el caramelo, se colocan en una fuente caliente y se añade el azúcar acaramelado restante.

SARDINAS ACARAMELADAS

SALMÓN CON SALSA DE SOJA

Ingredientes:
8 filetes de salmón de unos 120 gr. cada uno - 5 cucharadas de salsa de soja clara - 4 cucharaditas de sake - 1 cebolla grande - azúcar - 2 cucharaditas de jengibre rallado - aceite - sal.
Preparación: *15'*
Cocción: *15'*
Dificultad **
Bebida aconsejada: *vino blanco seco o sake*

Se pone la salsa de soja en un cazo y se mezcla con el azúcar, el sake y 3 cucharadas de agua. Se pica la cebolla y se pone, junto con el jengibre, en una sartén con dos cucharaditas de aceite; se deja dorar todo durante algunos minutos y se añaden después los filetes de salmón. Se cuece el pescado por ambos lados y, cuando esté dorado, se añade la mezcla de salsa de soja. Se deja cocer otros 8-10 minutos y se sirve.

TORTILLA A LA JAPONESA

Ingredientes:
4 huevos - 1 ramillete de perejil - 4 cucharadas de dashi - 2 cucharadas de salsa de soja - 1 pizca de sal - 1 pizca de pimienta - aceite de semillas.
Preparación: *25'*
Cocción: *20'*
Dificultad **
Bebida aconsejada: *sake*

Se ponen en un cuenco todos los ingredientes, menos el perejil y el aceite. Se baten con un tenedor hasta que se amalgame todo bien. Se pone en el fuego una sartén antiadherente no demasiado grande, se le echa el aceite y, cuando esté caliente, se añade un tercio de la mezcla. Se deja cocer algunos minutos a fuego lento, se enrolla la tortilla sobre sí misma y se aparta del fuego. Se echa luego en la sartén la mitad de la mezcla restante. Después de algunos minutos, se pone encima el primer rollito y se enrolla todo. Se repite esta operación con la última parte de la mezcla, de manera que se obtenga un rollo grande de tortilla formado por tres capas. Se deja enfriar y después se corta en rodajas bastante gruesas. Se decora con perejil.

TORTILLA A LA JAPONESA

CERDO CON BROTES DE BAMBÚ

Ingredientes:
30 gr. de carne de cerdo - 300 gr. de brotes de bambú en lata - 100 gr. de guisantes - 4 cucharadas de aceite de semillas - 3-4 cucharadas de salsa de soja - 3 cucharadas de sake - 1 cucharada de azúcar.
Preparación: *20'*
Cocción: *35'-45'*
Dificultad *
Bebida aconsejada: *sake*

Se corta la carne de cerdo en cuadraditos de 1,5 cm. y los brotes de bambú en rodajitas. Se pone todo en una sartén con el aceite bien caliente y se deja sofreír algunos minutos. Cuando la carne de cerdo esté dorada, se añade la salsa de soja, el sake, el azúcar y se deja que termine de cocerse a fuego lento. Un poco antes de apagar el fuego, se agregan los guisantes, hervidos, se rehogan un poco y se sirve el guisado inmediatamente.

CERDO CON SOJA Y CEBOLLAS

Ingredientes:
600 gr. de carne de cerdo (preferiblemente filete) - 2 cebollas grandes - 1/2 taza de aceite de semillas - 3 cucharaditas de azúcar - 1/2 taza de salsa de soja - 1 taza grande de caldo de pollo - algunas gotitas de sake - 2 cucharadas de maicena - 300 gr. de guisantes hervidos (facultativo) - sal - pimienta.
Preparación: *15'*
Cocción: *30'*
Dificultad **
Bebida aconsejada: *sake*

Se cortan la carne de cerdo y las cebollas en rodajas finas. Se pone el aceite en una sartén y se sofríen el cerdo y la cebolla hasta que estén casi completamente cocidos. Se añade el azúcar, la salsa de soja, el caldo, el sake y la sal. Se deja cocer 8-10 minutos. Aparte, se diluye la maicena en agua fría y se echa en la sartén junto con un poco de pimienta y los guisantes. Pasados unos cuantos minutos el plato estará listo. Se sirve muy caliente.

Cerdo con soja y cebollas

LOMO DE CERDO A LA JAPONESA

Ingredientes:
500 gr. de lomo de cerdo - 8 cucharadas de sake - 3 cucharadas de miso - 1 cucharadita de jengibre - 1 cucharadita de azúcar - aceite de semillas.
Preparación: *15'*
Cocción: *10'*
Dificultad *
Bebida aconsejada: *sake*

Se prepara una salsa con el sake, el miso, 1 cucharada de jengibre en polvo y 1 de azúcar. Se deja macerar en esta salsa durante 15 minutos el lomo cortado en pedacitos alargados. En una sartén con aceite se echan la carne y la salsa de maceración. Se deja cocer a fuego vivo durante 10 minutos.

PINCHITOS DE CERDO

Ingredientes:
400 gr. de cerdo - 5 cucharadas de sake - 3 cucharadas de miso - 1 cucharada de azúcar - 3 cucharadas de aceite de semillas - 2,5 puerros - sal.
Preparación: *20'*
Cocción: *20'*
Dificultad **
Bebida aconsejada: *vino blanco generoso o sake*

Se corta la carne de cerdo en dados y se deja macerar durante 20 minutos en una salsa hecha a base de un trocito de puerro picado, 5 cucharadas de sake, 3 cucharadas de miso, 1 cucharada colmada de azúcar y 3 cucharadas de aceite de semillas. Se cortan a trocitos 2 puerros medianos y se ensartan en pinchos de madera, alternándolos con los daditos de carne. Se salan y se cuecen los pinchitos en una sartén a fuego vivo durante 20 minutos.

PINCHITOS DE CERDO

BUEY CON VERDURAS

Ingredientes:
600 gr. de filete de buey cortado muy fino - 1/2 taza de salsa de soja - 1 taza de caldo de pollo - 4 cucharadas de azúcar - 1/2 col (preferiblemente col china) o berza - 250 gr. de espinacas frescas - 10-12 puerros - 2 cebollas grandes - 2 setas - 3 brotes de bambú en lata - 100 gr. de shirataki (tallarines japoneses, facultativo) - manteca de cerdo - aceite de semillas.
Preparación: *30'-40'*
Cocción: *pocos minutos*
Dificultad **
Bebida aconsejada: *sake o té verde*

Un par de horas antes de la comida, se pone en una cazuela la salsa de soja, el caldo y el azúcar. Se mezcla bien y se deja reposar. Se corta la col en rodajas de 1 cm. de grueso, las espinacas en pequeñas tiras, los puerros en anillos gruesos y la cebolla en rodajas de 1/2 cm. Se cortan las setas y el bambú finos. Se ponen las verduras en una fuente junto con la carne y, si se quiere, los shirataki. Luego se lleva todo a la mesa junto con la salsa descrita arriba.
La cocción de la carne y las verduras se realiza en un hornillo adecuado, directamente en la mesa, cuando los comensales estén ya sentados.
Se calientan la manteca y el aceite en una sartén. Se introducen rápidamente en ella las verduras arriba indicadas, los shirataki y la salsa de soja. Se fríen las verduras y los shirataki a fuego vivo durante algunos minutos y, cuando ya estén casi listos, se añade la carne y las espinacas y se dejan cocer a fuego lento durante 2-3 minutos. Se sirve muy caliente acompañado de arroz.

BUEY CON VERDURAS

BUEY CON BROTES DE SOJA

Ingredientes:
300 gr. de buey sin grasa - 150 gr. de brotes de soja - 4 cucharadas de salsa de soja - 2 cucharadas de aceite de semillas - sal y pimienta.
Preparación: *10'*
Cocción: *12'*
Dificultad **
Bebida aconsejada: *sake*

Se corta la carne de buey en tiras finas. Se lavan los brotes de soja. Se pone la carne en una sartén con el aceite y se deja freír algunos minutos. Se añaden los brotes, se mezcla y se echa la salsa de soja. Se deja cocer 3-4 minutos más. Se sazona con sal y pimienta y se sirve.

POLLO FRITO

Ingredientes:
1 pollo de 1 kg. aprox. - 3 cucharadas de salsa de soja - 3 cucharadas de sake - 1 cucharadita de jengibre rallado - 2 cucharadas de harina - aceite de semillas - sal.
Preparación: *20' + 1 h. de maceración*
Cocción: *8'-10'*
Dificultad *
Bebida aconsejada: *sake o cerveza*

Se le quita la piel al pollo y se deshuesa. Se corta en trocitos y se deja macerar en un líquido a base de salsa de soja, sake y jengibre. Después de 1 hora, se enharinan los trocitos de pollo y se fríen en una sartén con bastante aceite. Antes de servir, se sala un poco.

BUEY CON BROTES DE SOJA

POLLO MACERADO

Ingredientes:
600 gr. de pechuga de pollo - 1/2 taza de salsa de soja - 1 pequeña cantidad de jengibre rallado - 1/2 tacita de mirin o de jerez dulce - 3 cucharadas de maicena (facultativo) - 3 cucharadas de aceite de semillas.
Preparación: *1 h.*
Cocción: *10'-15'*
Dificultad ✻
Bebida aconsejada: *sake*

Se corta el pollo en 6-8 trozos grandes. Aparte, se mezcla la salsa de soja, el azúcar y el mirin y se vierte la mezcla sobre el pollo. Se deja macerar durante 45-60 minutos. Se seca el pollo y se pasa después por la maicena, dejando que ésta se adhiera bien a la carne. Se echa el aceite en una cazuela y se deja cocer el pollo durante 3-4 minutos por cada lado añadiendo pequeñas dosis de la salsa de maceración. Cuando el pollo esté cocido, se aparta del fuego y se corta en lonchas finas. Se sirve caliente. Se puede acompañar con tomates, apios y pepinos cortados en pequeños anillos.

ALBÓNDIGAS DE PATO

Ingredientes:
150 gr. de pechuga de pato - 2 cucharaditas de sake - 2 cucharaditas de salsa de soja - 1 cucharada rasa de maicena - aceite de semillas para freír.
Preparación: *8'*
Cocción: *7'*
Dificultad ✻
Bebida aconsejada: *sake*

Se trincha la pechuga de pato. Se amalgama la carne con la salsa de soja y el sake. Se van formando una serie de albóndigas, se pasan por la maicena y se fríen en el aceite de semillas. Se sirven calientes.

Verduras

PUERROS EN VINAGRE

PUERROS EN VINAGRE

Ingredientes:
4-5 puerros pequeños - 1/2 taza grande de vinagre - 1/2 taza grande de sake - 1 cucharada colmada de azúcar - pimentón molido - sal.
Preparación: *15' + 3 h. de maceración*
Cocción: *6'-8'*
Dificultad *

Se les quita la piel a los puerros, se lavan y se cortan en anillos delgaditos. Se cuecen en una cazuela hasta que estén muy dorados, pero sin llegar a quemarlos. Aparte, se mezcla el vinagre, el sake, el azúcar, la sal y el pimentón. Se añaden a esta salsa los puerros y se dejan macerar durante 3 horas. Se sirven en pequeños platos, en los cuales se disponen cinco o siete trozos sobrepuestos y alineados.

BROTES DE SOJA SALTEADOS

Ingredientes:
200 gr. de brotes de soja en lata - 50 gr. de pechuga de pollo - 2 cucharadas de aceite - 1 cucharada de sake - 1 cucharada de azúcar - 2 cucharadas de salsa de soja - jengibre en polvo.
Preparación: *10'*
Cocción: *10'*
Dificultad *

Se calienta en una sartén el aceite, se pone el pollo troceado y los brotes de soja. Se saltea a fuego vivo durante algunos minutos. Luego, se añade el jengibre, el sake y la salsa de soja, manteniendo el fuego vivo y removiendo con cuidado hasta que se forme una salsa bastante espesa. Se sirve muy caliente.

Brotes de soja salteados

ESPÁRRAGOS CON SALSA DE HUEVO

Ingredientes:
40 espárragos (10 por persona) - 1 yema de huevo - 1 cucharada de salsa de soja - jurel seco desmenuzado (facultativo).
Preparación: *20'-25'*
Cocción: *10'*
Dificultad *

Se limpian bien los espárragos y se les quita la parte blanca. Se hierven durante 8'-10', prestando atención para que las puntas, por lo general más tiernas, no queden cubiertas por el agua. Se mezcla la salsa de soja con la yema de huevo. Se escurren los espárragos, se cortan en 4-5 trocitos y se colocan en un plato reproduciendo la forma del espárrago. Se echa por encima la salsa y, si se desea, pequeñas porciones de jurel seco.

VERDURAS CRUDAS EN SALSA

Ingredientes:
10 hojas de llanta - 3 zanahorias - 1 cucharadita de semillas de sésamo - 1/2 puerro - 2 cucharadas de salsa de soja - 1 cucharada de vinagre - 1 cucharada de azúcar - 1 cucharadita de jengibre en polvo.
Preparación: *10' + 30' de maceración*
Dificultad *

Se lavan las zanahorias y se cortan en bastoncitos muy finos. Se lava la llanta y se corta en tiras. Se tuestan las semillas de sésamo, se amalgaman con el puerro picado, la salsa de soja, el vinagre, el azúcar y el jengibre en polvo. Se dejan macerar en esta salsa las verduras crudas durante 1/2 hora como mínimo antes de servirlas.

Verduras crudas en salsa

ESPINACAS A LA JAPONESA

Ingredientes:
600 gr. de espinacas - 3 cucharadas de sésamo, preferiblemente tostado - 2 cucharadas de salsa de soja - 3 cucharadas de miso - 1 cucharada de azúcar.
Preparación: *10'*
Cocción: *20'-25'*
Dificultad ∗

Se lavan las espinacas y se socarran un poco en una cazuela sin agua. Cuando el líquido desprendido por las espinacas empiece a hervir, se aparta la cazuela del fuego, se sacan las espinacas y se cortan en tiras bastante anchas. Aparte, se muele el sésamo tostado y se le añade luego el azúcar, la salsa de soja y el miso. Se mezcla y se echa la salsa sobre las espinacas.

ZANAHORIAS SALTEADAS

Ingredientes:
4 zanahorias - 4 cucharadas de salsa de soja - 2 cucharadas de azúcar - 1 cucharadita de semillas de sésamo - pimentón - sal.
Preparación: *10'*
Cocción: *20'*
Dificultad ∗

Se cortan las zanahorias en bastoncitos muy finos, se lavan con agua fría y se saltean en la sartén con poco aceite. Cuando estén blandas, se añade la salsa de soja y el azúcar. Se dejan cocer hasta que el líquido se haya absorbido del todo. Se agrega el pimentón, un poco de sal y un puñado de semillas de sésamo tostadas. Se deja cocer 2 minutos más y se sirve.

Zanahorias salteadas

ZANAHORIAS CON QUESO DE SOJA Y SÉSAMO

Ingredientes:
100 gr. de queso de soja (tofu) - 50 gr. de semillas de sésamo tostadas - 2 zanahorias - 2 vasos de caldo vegetal - 2 cucharadas de salsa de soja clara - 1 cucharadita de azúcar - 1 cucharadita de sal - 1 trozo de pepino.
Preparación: *9'*
Cocción: *7'-8'*
Dificultad ∗

Se lavan las zanahorias, se cortan en tiras finas, se ponen en el caldo hirviendo y se dejan cocer 6-7 minutos. Se pasa luego el queso de soja por el cedazo y se mezcla con la salsa de soja, el azúcar, la sal y las semillas de sésamo. Se agregan luego las zanahorias frías. Se mezcla bien y se decora con tiritas de pepino.

CEBOLLETAS AL SÉSAMO

Ingredientes:
6 cebolletas o 6 chalotes - 10 gr. de alga wakame seca - 1,5 cucharadas de semillas de sésamo - 1 cucharada de salsa de soja -1 cucharada de mirin.
Preparación: *18'*
Dificultad ∗

Se cortan las cebollas (o los chalotes) en trocitos de 3-4 centímetros, se cuecen en agua hirviendo salada algunos minutos y luego se escurren. Se reblandece en agua hirviendo el alga wakame seca y, una vez escurrida, se trocea y se le quita la parte central más dura. Se machacan las semillas de sésamo en el mortero y se añade la salsa de soja y el mirin. Se mezcla la salsa de sésamo con las cebolletas y con el alga. Se sirve en tazones.

CEBOLLETAS AL SÉSAMO

CHAMPIÑONES SALTEADOS

Ingredientes:
200 gr. de champiñones - 3 cucharadas de sake - sal.
Preparación: *10'*
Cocción: *15'*
Dificultad *

Se lavan con agua fría los champiñones. Si son pequeños, se dejan enteros, si no, se trocean. En una sartén antiadherente se pone el sake, los champiñones y un puñado de sal. Se dejan cocer a fuego vivo, removiéndolos a menudo, hasta que se ablanden. Se sirven en seguida.

BRÉCOLES CON MOSTAZA

Ingredientes:
400 gr. de brécoles - 2 cucharadas de mostaza - 2 cucharadas de azúcar - 1 vaso de vinagre - sal.
Preparación: *12'*
Cocción: *20'*
Dificultad *

Se lavan los brécoles y se desmenuzan. Se ponen en una olla con mucha agua y un poco de sal. Se hierven algunos minutos y después se apaga el fuego. Se cambia el agua caliente por agua fría, se dejan los brécoles 2-3 minutos y después se escurren. Aparte, se mezcla el vinagre con la mostaza, el azúcar y una pizca de sal. Se ponen los brécoles en vasitos y se les añade la salsa de vinagre y mostaza. Se dejan reposar en el frigorífico al menos 2 días. Se sirve frío.

Postres y pastelería

Bolitas de almendra con pétalos de rosa

BOLITAS DE ALMENDRA CON PÉTALOS DE ROSA

Ingredientes:
250 gr. de almendras - 150 gr. de azúcar de caña - 50 gr. de mermelada de pétalos de rosa.
Preparación: *10'*
Cocción: *10'*
Dificultad ∗∗

Se pone a calentar el azúcar en un cazo, se remueve continuamente hasta que se funda y, si es necesario, se añade un poco de agua. Se machacan las almendras con el mortero y se añaden al azúcar junto con la mermelada de pétalos de rosa. Se hace hervir algunos minutos y después se deja enfriar. Luego se preparan una serie de bolitas con las manos mojadas en agua y se van poniendo sobre un mármol. Se sirven las bolitas frías.

BATATAS FRITAS

Ingredientes:
500 gr. de batatas - 100 gr. de azúcar - 1/2 vaso de agua - aceite de semillas.
Preparación: *30'-40'*
Cocción: *30'-35'*
Dificultad ∗∗

Se mondan las batatas y se cortan en bastoncitos de 5-6 cm. Se fríen en el aceite de semillas hasta que estén bien doradas. Se apartan del fuego y se dejan en un plato tapado para que no se enfríen. Mientras, en un cazo se echan el azúcar y el agua y se hierven hasta que el azúcar se agrume. Se quita el cazo del fuego y se mezcla bien el agua con el azúcar hasta que éste quede pegajoso. Después se ponen las batatas fritas en el cazo y se remueven con cuidado de manera que el azúcar las acaramele. Se pueden servir calientes o frías.

Batatas fritas

CASTAÑAS COCIDAS

Ingredientes:
40-50 castañas grandes -
5 cucharadas de azúcar -
4-5 cucharadas de mirin -
2 cucharadas de salsa de soja.
Preparación: *1 h. + 10 h. de remojo de las castañas*
Cocción: *15'-20'*
Dificultad *

Se dejan las castañas en remojo durante unas 10 horas. Transcurrido este tiempo se pelan y se asan algunos minutos en la parrilla a fuego muy vivo. Después se ponen en una olla, se recubren con agua fría, se las lleva a ebullición y, desde el momento en que arranquen a hervir, se dejan cocer 5-6 minutos. Luego se añade el azúcar, el mirin y la salsa de soja. Se baja el fuego y se deja cocer 10-15 minutos hasta que se forme una crema espesa. Se sirve muy caliente.

HELADO DE TÉ VERDE

Ingredientes:
3 cucharadas de té verde en polvo - 1/2 vaso de leche -
1/2 vaso de nata líquida fresca -
100 gr. de azúcar.
Preparación: *30'-40'*
Dificultad **

Se mezcla bien el té en polvo con la leche. Se deja reposar 5-10 minutos. Se añaden después la nata y el azúcar. Mientras, se deja enfriar en el frigorífico un recipiente para el helado. Cuando esté frío, se echa en él la mezcla y se deja en el congelador hasta que esté listo.

HELADO DE TÉ VERDE

FRUTA CON MERENGUE

Ingredientes:
2 huevos - 40 gr. de mantequilla - 3 cucharadas de leche - - 3 cucharadas de maicena - 80 gr. de azúcar de lustre - 2 manzanas (preferiblemente reinetas) - 2 plátanos - 1 limón.
Preparación: *22'*
Cocción: *20'*
Dificultad ∗∗

Se baten las yemas con la maicena, la leche, el azúcar y 2 cucharadas de agua hasta que quede una mezcla espumosa. Se echa todo en una cazuela y se deja espesar a fuego lento. Mientras, se pelan las manzanas, se les quita el corazón y se cortan en rodajas.
Se cortan igual los plátanos y se disponen ambas frutas de manera alterna en un molde refractario. Se rocía la fruta con el zumo del limón y se agrega por encima la mezcla de leche y huevo.
Se montan a punto de nieve las claras y se echan sobre el dulce. Se calienta el horno a unos 220 ºC y se deja cocer 15 minutos o, en cualquier caso, hasta que se forme una capa dorada.
Se puede servir tanto frío como caliente.

FRUTA CON MERENGUE

MENÚS ACONSEJADOS

	Sopas									Arroz									
	Sopa de almejas	Sopa de gambas	Sopa de Nochevieja	Sopa de pollo con verduras	Sopa con miso, pollo y verduras	Sopa vegetal con huevo	Sopa con queso de soja	Pasta fría en salsa de soja	Sopa de gambas con verduras	Arroz con castañas	Arroz con té	Guisado de carne y arroz	Arroz rojo	Rollitos de arroz	Pescado crudo	Arroz en salsa con algas y ...	Pescado frito con verduras	Cangrejo grito	Salmón a la parrilla
Sopa de almejas																	X	X	
Sopa de gambas												X			X				
Sopa de Nochevieja											X					X		X	
Sopa de pollo con verduras																			
Sopa con miso, pollo y verduras										X						X			X
Sopa vegetal con huevo																	X		X
Sopa con queso de soja																			
Pasta fría en salsa de soja																		X	
Sopa de gambas con verduras													X		X				
Arroz con castañas					X														X
Arroz con té			X												X		X		
Guisado de carne y arroz	X																		
Arroz rojo					X												X		
Rollitos de arroz				X															
Pescado crudo		X								X	X								
Arroz en salsa con algas y ...	X				X														
Pescado frito con verduras			X							X									
Cangrejo frito											X					X			
Salmón a la parrilla					X							X					X		
Pescado a la parrilla con pasta...					X								X		X				
Sepia en escabeche con pepino	X									X									
Pulpo estofado		X										X							
Sardinas acarameladas		X					X				X								
Salmón con salsa de soja				X								X							
Tortilla a la japonesa						X		X											
Cerdo con brotes de bambú	X									X								X	
Cerdo con soja y cebollas										X		X						X	
Lomo de cerdo a la japonesa								X					X						
Pinchitos de cerdo		X				X													
Buey con verduras		X		X							X		X						X
Buey con brotes de soja						X	X												
Pollo frito			X					X											
Pollo macerado		X	X													X			
Albóndigas de pato				X		X													
Puerros en vinagre										X									
Brotes de soja salteados													X					X	X
Esparrágos con salsa de huevo	X	X								X									
Verduras crudas en salsa																	X		
Espinacas a la japonesa	X																		
Zanahorias salteadas						X					X			X					
Zanahorias con queso de soja...						X													
Cebolletas al sésamo							X									X			
Champiñones salteados									X			X							
Brécoles con mostaza								X											

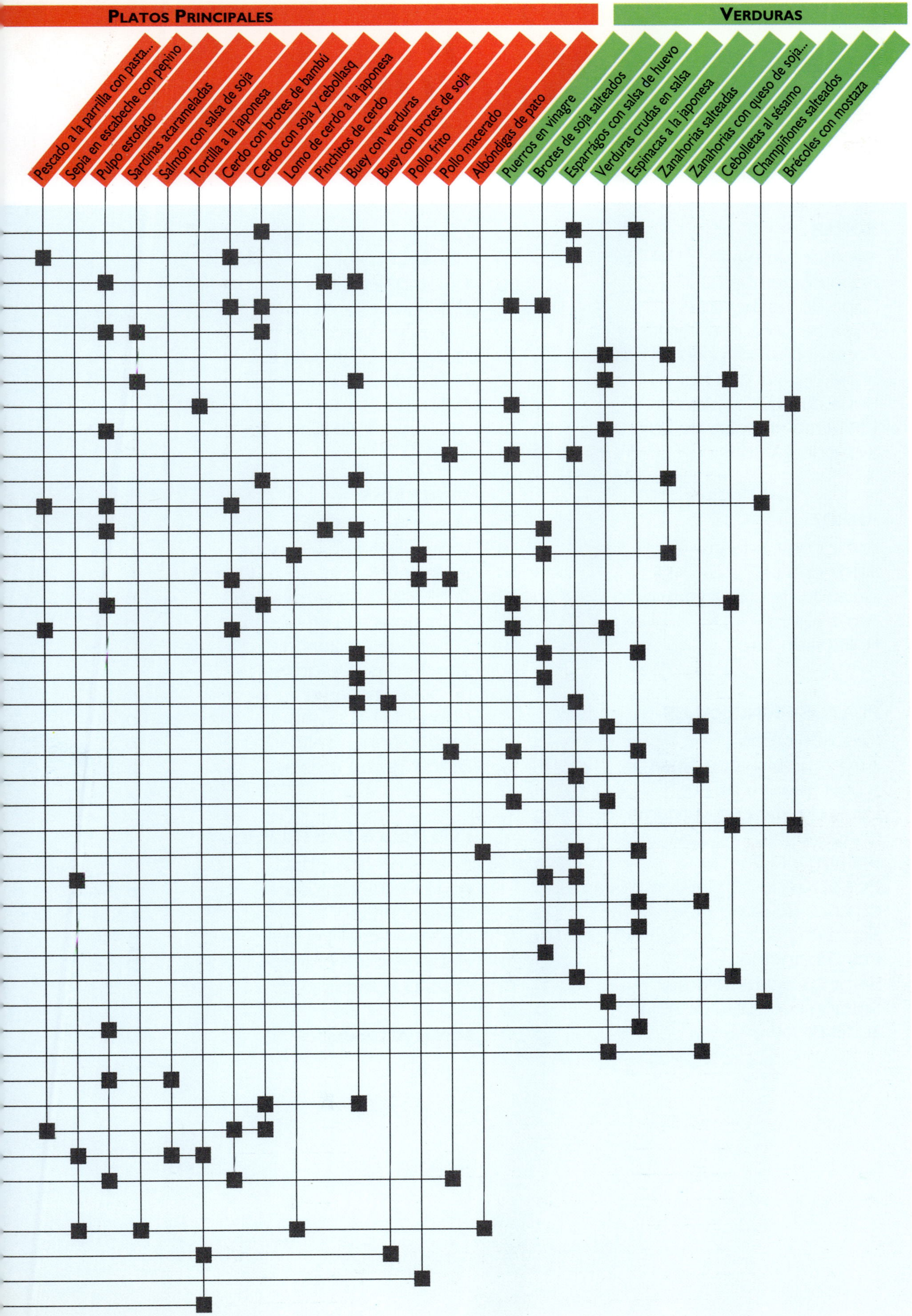
PLATOS PRINCIPALES
VERDURAS
Pescado a la parrilla con pasta...
Sepia en escabeche con pepino
Pulpo estofado
Sardinas acarameladas
Salmón con salsa de soja
Tortilla a la japonesa
Cerdo con brotes de bambú
Cerdo con soja y cebollasq
Lomo de cerdo a la japonesa
Pinchitos de cerdo
Buey con verduras
Buey con brotes de soja
Pollo frito
Pollo macerado
Albóndigas de pato
Puerros en vinagre
Brotes de soja salteados
Espárragos con salsa de huevo
Verduras crudas en salsa
Espinacas a la japonesa
Zanahorias salteadas
Zanahorias con queso de soja...
Cebolletas al sésamo
Champiñones salteados
Brécoles con mostaza

Índice